AF269743

LO MEJOR DEL DEPORTE DE TODOS LOS TIEMPOS

G.O.A.T. EN EL BOXEO

MUHAMMAD ALI, MANNY PACQUIAO Y MÁS

JON M. FISHMAN

ediciones Lerner ◆ Mineápolis

ediciones Lerner
Una división de Lerner Publishing Group, Inc.
241 First Avenue North
Mineápolis, MN 55401, EE. UU.

Si desea averiguar acerca de niveles de lectura y para obtener más información, favor consultar este título en www.lernerbooks.com.

Fuente del texto del cuerpo principal: Aptifer Sans LT Pro.
Fuente proporcionada por Linotype AG.

Library of Congress Cataloging-in-Publication Data

Names: Fishman, Jon M., author.
Title: G.O.A.T. en el boxeo : Muhammad Ali, Manny Pacquiao y más / Jon M. Fishman.
Other titles: Greatest of all time en el boxeo
Description: Mineápolis : ediciones Lerner, [2025] | Series: Lo mejor del deporte de todos los tiempos (Lerner sports en español) | Includes bibliographical references and index. | Audience: Ages 7–11 years | Audience: Grades 2–3 | Summary: "It's time to enter the ring and meet the greatest boxers of all time! Readers will learn about the sport and look at exciting facts and stats presented in an engaging top-10 format. Now in Spanish!"—Provided by publisher.
Identifiers: LCCN 2023052817 (print) | LCCN 2023052818 (ebook) | ISBN 9798765623978 (lib. bdg.) | ISBN 9798765627914 (pbk.) | ISBN 9798765630860 (epub)
Subjects: LCSH: Boxers (Sports)—Rating of—Juvenile literature. | Boxers (Sports)—Biography—Juvenile literature. | Boxing—Juvenile literature. | Ali, Muhammad, 1942–2016—Juvenile literature. | Pacquiao, Manny, 1978-—Juvenile literature.
Classification: LCC GV1131 .F56418 2025 (print) | LCC GV1131 (ebook) | DDC 796.83092/2—dc23/eng/20240123

Fabricado en los Estados Unidos de América
1-1010038-51847-11/16/2023

CONTENIDO

PRIMER ASALTO

La historia del boxeo está repleta de campeones increíbles. ¿Pero cómo se elige al más grande de todos los tiempos (G.O.A.T.)? Elegir a los mejores deportistas nunca es fácil. En Estados Unidos, algunas ligas deportivas profesionales han competido durante más de 100 años. El equipo, las reglas y las estrategias cambian

DATOS DE INTERÉS

WILLIE PEP luchó en casi 250 combates de boxeo profesionales. Solo perdió 11 veces.

MANNY PACQUIAO ganó campeonatos mundiales en ocho categorías de peso diferentes. Son más categorías que cualquier otro boxeador de la historia.

La carrera pugilística profesional de **FLOYD MAYWEATHER JR.** duró más de 20 años. Se retiró con un récord sin derrotas.

Durante la Segunda Guerra Mundial (1939–1945), **JOE LOUIS** luchó en casi 100 combates de boxeo para entretener a las tropas del ejército estadounidense. Las peleas no están incluidas en su récord oficial de boxeo.

con el tiempo. Eso hace que sea difícil comparar deportistas de épocas diferentes.

La historia del boxeo es mucho más larga que la de la mayoría de los otros deportes. En tallados en Oriente Medio de más de 5000 años de antigüedad se puede ver una forma de boxeo. En el año 688 a. C., el boxeo se convirtió en un deporte en los Juegos Olímpicos de Grecia. Los luchadores usaban tiras de cuero suaves y delgadas en las manos y antebrazos.

En Europa, la popularidad del boxeo volvió a aumentar en el siglo XVIII. Algunos luchadores comenzaron a usar guantes acolchados para protegerse las manos. En el siglo XIX, los combates de boxeo adoptaron muchas de las reglas que se usan para las luchas modernas. Los combates tenían lugar en un cuadrilátero rodeado de cuerdas. Estaba prohibido morder, dar cabezazos y golpear por debajo del cinturón. Después de una pausa prolongada, las Olimpíadas se reiniciaron en 1896 y los boxeadores comenzaron a competir de nuevo en los Juegos en 1904. En 2012 el boxeo femenino se convirtió en un deporte olímpico oficial.

Los boxeadores amateurs compiten en las Olimpíadas y en otras competencias, como los Juegos Panamericanos. Adquieren experiencia para convertirse en boxeadores profesionales.

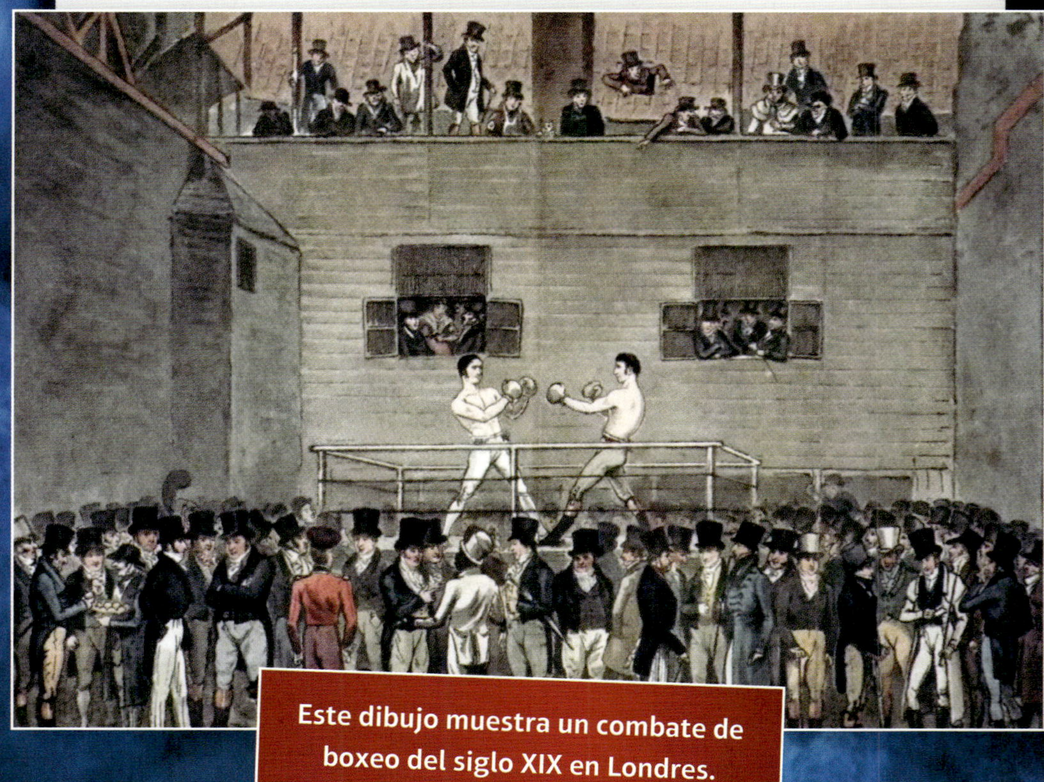

Este dibujo muestra un combate de boxeo del siglo XIX en Londres.

Dayana Sanchez (*izquierda*) y Beatriz Soares Ferreira (*derecha*) compiten en los Juegos Panamericanos de 2019 en Lima, Perú.

Los mejores boxeadores profesionales participan en combates en todo el mundo y ganan millones de dólares en premios.

La larga historia del boxeo hace que sea aún más difícil elegir el G.O.A.T. A medida que aprendas más sobre el deporte, probablemente tengas tus propias ideas sobre quiénes son los mejores luchadores en el cuadrilátero. Eso está bien. ¡Aprender sobre el boxeo y formar tus propias opiniones es parte de la diversión!

SUGAR RAY LEONARD

Ray Charles Leonard comenzó a boxear a los 14 años en Landover, Maryland. Era rápido e inteligente en el cuadrilátero. Y le encantaba luchar. Leonard ganó varios títulos amateur nacionales de boxeo. En 1976 viajó a Montreal, Canadá, para competir en los Juegos Olímpicos. A pesar de sufrir lesiones en las manos, ganó la medalla de oro en su categoría de peso.

Después de las Olimpíadas, Leonard se convirtió en boxeador profesional para ganar dinero para ayudar a su familia. Ganó su primera disputa profesional a los 20 años en 1977. Continuó ganándoles a algunos de los mejores boxeadores del mundo, como Roberto Durán, Thomas Hearns y Marvin Hagler. Leonard ganó títulos mundiales en cinco categorías de peso diferentes. Ningún otro boxeador había hecho eso en ese entonces. Se retiró del cuadrilátero en 1997 y se convirtió en escritor y presentador de boxeo.

ESTADÍSTICAS DE SUGAR RAY LEONARD

- ▶ Terminó su carrera profesional con 36 victorias, 3 derrotas y 1 empate (36–3–1).

- ▶ Leonard ganó tres títulos nacionales amateur Golden Gloves (Guantes de Oro) como el mejor boxeador en su categoría de peso.

- ▶ Ganó 25 peleas profesionales por nocaut.

- ▶ Entró en el Salón de la Fama del Boxeo Internacional en 1997.

- ▶ Su sobrenombre, Sugar Ray Leonard, se inspiró en uno de sus héroes del boxeo, Sugar Ray Robinson.

WILLIE PEP

Lo que más llama la atención de los fanáticos del boxeo son los grandes puñetazos y los nocauts. Pero la defensa es igual de importante para ganar un combate. Algunos expertos en boxeo consideran a Willie Pep el mejor defensor de la historia. Con la rapidez de los pies y los movimientos de la cabeza, podía vencer a un rival evitando sus puñetazos. Una vez Pep ganó un asalto sin acertar un golpe. Los jueces decidieron que controló la acción con su defensa.

La carrera profesional de Pep comenzó en 1940. Ganó 63 combates seguidos antes de perder una pelea por poco con Sammy Angott en 1943. Después Pep continuó una racha de 73 victorias seguidas. Conservó el título mundial en la categoría peso pluma desde 1942 hasta 1948. Se retiró en 1959. En 1965, volvió al cuadrilátero y ganó nueve peleas seguidas. Se retiró para siempre después de perder con Calvin Woodland en 1966. Era apenas la decimoprimera derrota en la extensa carrera de Pep.

ESTADÍSTICAS DE WILLIE PEP

- ► Pep terminó su carrera con un récord de 230–11–1.

- ► En su carrera profesional, ganó 65 peleas por nocaut.

- ► Pep venció a Chalky Wright en 15 asaltos y ganó el título de peso pluma en 1942.

- ► Volvió al cuadrilátero en junio de 1947 después de sufrir varias lesiones, incluida una pierna quebrada en un accidente de avión cinco meses antes.

- ► Se convirtió en miembro del Salón de la Fama del Boxeo Internacional en 1990.

JACK JOHNSON

Gran parte de Estados Unidos estaba segregado cuando el boxeador negro Jack Johnson comenzó su carrera a fines del siglo XIX. Los luchadores blancos se negaban a subir al cuadrilátero con Johnson por el color de su piel. De modo que Johnson luchó contra otras personas negras. Desarrolló un estilo de boxeo duro. Pasaba los primeros asaltos con cautela y estudiaba los movimientos de

sus rivales. A medida que avanzaba la pelea, Johnson se tornaba más agresivo y golpeaba con potencia.

En 1908, el campeón de peso pesado blanco Tommy Burns aceptó luchar contra Johnson. Johnson noqueó a Burns en el 14.º asalto. Muchos aficionados al boxeo blancos de Estados Unidos estaban descontentos con el triunfo de Johnson. Para intentar quitarle el título a Johnson, el excampeón blanco Jim Jeffries volvió de su retiro en 1910. Johnson venció a Jeffries en 15 asaltos. Mantuvo el título de peso pesado hasta 1915.

ESTADÍSTICAS DE JACK JOHNSON

► Johnson acumuló un récord profesional de 77–13–14.

► Ganó su primera pelea profesional en 1897.

► En 1908, Johnson se convirtió en el primer campeón de peso pesado negro del mundo.

► Unos 20 000 aficionados miraron a Johnson vencer a Tommy Burns por el título en 1908.

► Johnson entró en el Salón de la Fama del Boxeo Internacional en 1990.

MANNY PACQUIAO

Manny Pacquiao creció en Filipinas. En 1995, a los 16 años, luchó en su primer combate de boxeo profesional. Su estilo enérgico y sus golpes rápidos como rayos lo transformaron en una potencia en el cuadrilátero. Ganó su primer título mundial en 1998.

Pacquiao se movió entre las distintas categorías de peso durante toda su carrera. En 2009, se convirtió en campeón en su

séptima categoría de peso, marcando un récord histórico. Un año más tarde, Pacquiao subió de categoría de peso para vencer a Antonio Margarito y obtener otro campeonato mundial. En el momento de la pelea, Margarito superaba a Pacquiao por 17 libras (7,7 kg).

Conocido como Pac-Man por sus seguidores, Pacquiao es uno de los deportistas más populares del mundo. También es actor, músico y político. Cumplió dos períodos en la Cámara de Representantes de Filipinas. En 2016, obtuvo una banca en el Senado del país.

ESTADÍSTICAS DE MANNY PACQUIAO

► Pacquiao tiene un récord profesional de 62–7–2.

► Noqueó a 39 rivales.

► Pacquiao ganó **campeonatos** en ocho categorías de peso diferentes, un récord histórico.

► Ganó el premio de **Luchador del Año** de la revista *Ring* tres veces.

► El Consejo Mundial de Boxeo nombró a Pacquiao como Boxeador de la Década por los años 2001–2010.

ROBERTO DURÁN

El sobrenombre de Roberto Durán, Mano de Piedra, lo dice todo. Su golpe era más fuerte que el de ningún otro en la historia del boxeo. En su carrera profesional, Durán noqueó a casi el 60 por ciento de sus rivales. Comenzó a pelear como profesional en 1968 y acumuló 31 victorias seguidas. Después de perder contra Esteban de Jesús en el Madison Square Garden de Nueva York en 1972,

Durán comenzó una racha de 41 victorias.

La carrera pugilística de Durán abarcó cinco décadas, una hazaña extraordinaria para un boxeador de primera clase. Boxeó hasta los 49 años. La mayoría de sus derrotas se produjeron en sus últimos años. El 14 de julio de 2001 perdió con Héctor Camacho en Denver, Colorado. Durán no estaba todavía listo para abandonar el boxeo. Pero en octubre resultó herido de gravedad en un accidente automovilístico. Se recuperó y finalmente se retiró del boxeo unos meses más tarde.

ESTADÍSTICAS DE ROBERTO DURÁN

- A los 16 años, Durán se convirtió en boxeador profesional.

- Su récord era de 103–16–0 cuando se retiró en 2002.

- Durán ganó 70 combates por nocaut.

- Ganó títulos mundiales en cuatro categorías de peso.

- Durán entró en el Salón de la Fama del Boxeo Internacional en 2007.

HENRY ARMSTRONG

En julio de 1931, Henry Armstrong comenzó su carrera profesional con un combate contra Al Iovino. Iovino noqueó a Armstrong. Un poco más de un año después, el récord de Armstrong era de solo 1–4–0. Pero parecía mejorar con cada pelea. A principios de 1937, su récord había mejorado a 52–10–6. Ese año Armstrong peleó en 27 disputas increíbles. Ganó todas las peleas y terminó 25 de ellas por nocaut.

En el cuadrilátero, Armstrong atacaba con velocidad y potencia. Arrojaba puñetazos furiosos y sin pausa que abrumaban a sus rivales. Su estilo agresivo le valió muchos apodos, como Hurricane Henry, Hammering Henry y Human Buzzsaw. También lo transformó en un campeón increíble del boxeo. Armstrong es el único boxeador de la historia del deporte que ostenta títulos mundiales simultáneos en tres categorías de peso.

ESTADÍSTICAS DE HENRY ARMSTRONG

- ▶ Armstrong tuvo un récord profesional de 151–22–10.

- ▶ Noqueó a 101 rivales.

- ▶ Fue noqueado por sus adversarios en solo dos oportunidades.

- ▶ Armstrong se retiró del boxeo profesional en 1945.

- ▶ Se convirtió en miembro del Salón de la Fama del Boxeo Internacional en 1990.

FLOYD MAYWEATHER JR.

Floyd Mayweather Jr. nació para ser un gran campeón del boxeo. Tanto su padre como su tío eran boxeadores profesionales. En cuanto Floyd pudo caminar, comenzó a ir al gimnasio con su padre. Recibió su primer par de guantes de boxeo a los siete años.

Floyd Mayweather Jr. probablemente sea el mejor boxeador defensivo de la historia de este deporte. Su rapidez y su capacidad para predecir los movimientos de sus rivales lo ayudaron a evitar grandes golpes. Con frecuencia tenía la cara sin marcas al final de las peleas, lo que le ganó el apodo de Niño Bonito. En 50 combates profesionales, solo fue noqueado una vez. El 11 de octubre de 1996, Mayweather ganó su primer combate profesional. Casi 21 años después se retiró del boxeo con un récord sin derrotas.

ESTADÍSTICAS DE FLOYD MAYWEATHER JR.

- ▶ Mayweather ganó una medalla de bronce en las Olimpíadas del verano de 1996 en Atlanta, Georgia.

- ▶ Su récord profesional fue un perfecto 50–0–0.

- ▶ Mayweather ganó 27 combates por nocaut.

- ▶ Obtuvo títulos mundiales en cinco categorías de peso diferentes.

- ▶ En 2015, Mayweather venció a Manny Pacquiao en un combate que los aficionados llamaron la Pelea del Siglo.

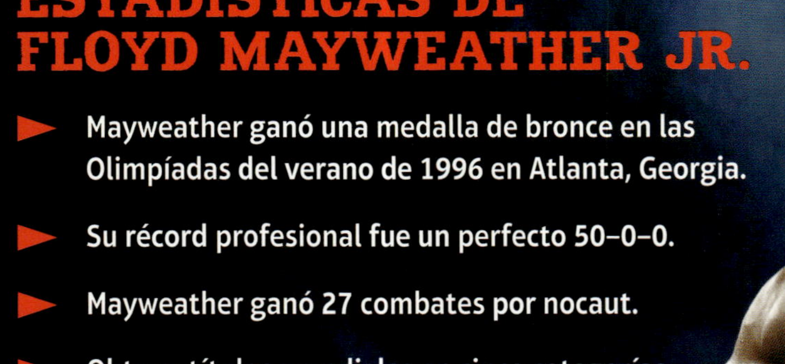

JOE LOUIS

Cuando Joe Louis dominó el mundo del boxeo a mediados del siglo XX, muchos de los boxeadores del momento eran golpeadores duros. Intentaban noquear a sus rivales con la mayor rapidez posible con puñetazos enormes y potentes. Louis estaba a la altura de todos en potencia. Pero su defensa y su estilo preciso lo distinguieron. No bailaba alrededor del cuadrilátero, sino que se enfrentaba a sus rivales cara a cara. Y entonces lanzaba puñetazos rápidos como un rayo con las dos manos.

La primera pelea profesional de Louis fue en 1934. No perdió un combate hasta dos años después. En junio de 1937 venció al excampeón James Braddock y se convirtió en el campeón mundial de peso pesado. Louis mantuvo el título hasta que se retiró en marzo de 1949. Ningún boxeador de la historia mantuvo un título mundial durante tanto tiempo como Louis. Volvió al cuadrilátero en 1950 y ganó ocho peleas más antes de retirarse nuevamente en 1951.

ESTADÍSTICAS DE JOE LOUIS

- Louis tuvo un récord profesional increíble de 68–3–0.

- Marcó un récord por mantener el título de peso pesado durante 11 años y ocho meses.

- Ganó 54 peleas profesionales por nocaut.

- Louis defendió con éxito el título de peso pesado 25 veces.

- Se unió al Ejército de Estados Unidos en 1942. Para entretener a sus compañeros de tropa, luchó en 96 combates de boxeo no oficiales en todo el mundo entre 1942 y 1945.

SUGAR RAY ROBINSON

A principios de la década de 1930, el entrenador George Gainford inició un club de boxeo en Harlem, Nueva York. Uno de los boxeadores del club era un pequeño cuyos movimientos eran tan dulces que Gainford lo llamó Sugar. Como boxeador, Sugar Ray Robinson era casi perfecto. Sus golpes eran rápidos, precisos y llenos de potencia. Se movía por el cuadrilátero con agilidad y equilibrio. Y sabía cuándo atacar y cuando defenderse.

Robinson peleó casi 90 veces como amateur y nunca perdió. Después ganó sus primeros 40 combates profesionales antes de perder con el legendario Jake LaMotta en febrero de 1943. Robinson no volvió a perder hasta julio de 1951. Boxeó hasta los 45 años, con una carrera profesional que abarca tres décadas. De las 19 derrotas profesionales de Robinson, 10 de ellas se produjeron cuando tenía 40 años o más.

ESTADÍSTICAS DE SUGAR RAY ROBINSON

- ► El récord de Robinson fue un asombroso 175–19–6.

- ► Noqueó a 109 rivales.

- ► Ganó el título mundial de peso medio un récord de cinco veces.

- ► En su carrera, peleó con 18 excampeones o campeones mundiales del momento.

- ► Ganó el premio de Boxeador del Año de la revista *Ring* en 1942 y 1951.

MUHAMMAD ALI

La fama mundial de Muhammad Ali no tiene comparación en la historia de los deportes. Fuera del cuadrilátero, cautivaba a periodistas y aficionados con su personalidad. Dentro de él, bailaba y eludía a sus rivales mientras lanzaba golpes rápidos y potentes.

Ali, entonces conocido como Cassius Clay Jr., peleó en los Juegos Olímpicos de 1960 en Roma, Italia. Después de ganar el oro, volvió a su casa de Louisville, Kentucky, y comenzó su carrera profesional.

En 1964, ganó el campeonato de peso pesado y cambió su nombre a Muhammad Ali. A fines de la década de 1960, Ali se convirtió en un héroe para muchos al rehusarse a luchar en la Guerra de Vietnam (1954–1975). El litigio legal lo mantuvo alejado del cuadrilátero durante más de tres años. Volvió y se convirtió en el primer boxeador en ganar el título de peso pesado tres veces. El dominio de Ali en el cuadrilátero, su impacto en la sociedad y la fama mundial lo convierten en el boxeador más grande de todos los tiempos.

ESTADÍSTICAS DE MUHAMMAD ALI

- El récord de la carrera de Ali es 56–5–0.

- Ganó 37 combates por nocaut.

- Ganó el título de peso pesado en 1964, 1974 y 1978.

- Ali peleó en algunos de los combates más famosos del boxeo, como cuando derrotó a Joe Frazier en la pelea denominada Thrilla in Manila.

- Su sobrenombre era El Más Grande.

TU G.O.A.T.

LOS CAMPEONES MÁS GRANDES DEL BOXEO llegaron al punto más alto de su deporte de maneras diferentes. Algunos atacaban sin miedo, mientras que otros se centraban en la defensa. Unos pocos boxeadores atrajeron a los aficionados con el brillo de sus personalidades dentro y fuera del cuadrilátero. Aprende más sobre los boxeadores de este libro y otros luchadores en la sección Más Información en la página 31. Habla con tus amigos y familiares a quienes les guste el boxeo para ver qué piensan ellos. También puedes preguntarles a bibliotecarios y maestros para obtener más información sobre el boxeo.

A medida que aprendas más sobre los boxeadores más importantes, tus opiniones sobre algunos de ellos pueden cambiar. ¡Eso está muy bien! Haz tu lista de los mejores 10 boxeadores y compárala con la de los boxeadores de este libro. ¿Con qué estás de acuerdo y con qué en desacuerdo? En tu lista personal de los 10 mejores, ¡todo depende de ti!

DATOS SOBRE EL BOXEO

► Los primeros combates de boxeo no tenían asaltos y no había jueces. La pelea se prolongaba hasta que uno de los luchadores abandonaba o no podía seguir.

► El boxeador de peso pesado Mike Tyson golpeaba con tanta fuerza como ningún otro en la historia. Ganó 50 peleas entre 1985 y 2005, y 44 de esas victorias fueron por nocaut. ¡Tyson noqueó a 22 de sus rivales en el primer asalto!

► El 22 de febrero de 2020, el boxeador de 273 libras (124 kg) Tyson Fury se convirtió en el campeón mundial de peso pesado. Pero no fue el peso pesado más pesado de todos los tiempos. Cuando el ruso Nikolai Valuev ganó el título en 2005, pesaba unas impactantes 324 libras (147 kg).

► En 1999, la revista *Sports Illustrated* nombró a Muhammad Ali como el deportista más grande del siglo XX.

GLOSARIO

agilidad: capacidad de moverse con rapidez y facilidad

amateur: persona que participa en los deportes por placer y no por un pago

asalto: una parte de un combate de boxeo. La mayoría de los asaltos duran tres minutos

categoría de peso: un grupo de boxeadores definidos por su peso

empate: un combate de boxeo que termina sin ganador ni vencedor

juez: una persona que decide quién es el ganador de un combate de boxeo. La mayoría de los combates de boxeo tiene tres jueces.

nocaut: el final de un combate de boxeo cuando un boxeador fue noqueado y no puede levantarse ni continuar boxeando

presentador: persona que habla durante un evento deportivo en televisión

profesional: que participa en un deporte para ganar dinero

segregado: separado por raza en lugares tales como escuelas y hospitales

MÁS INFORMACIÓN

Leed, Percy. *Muhammad Ali: I Am the Greatest*. Mineápolis: Lerner Publications, 2021.

Muhammad Ali
https://www.ducksters.com/biography/athletes/muhammad_ali.php

National Geographic Kids—The First Olympics
https://kids.nationalgeographic.com/explore/history/first-olympics

Osborne, M. K. *Combat Sports*. Mankato, MN: Amicus, 2020.

Scheff, Matt. *The Summer Olympics: World's Best Athletic Competition*. Mineápolis: Lerner Publications, 2021.

Sports Illustrated Kids—Boxing
https://www.sikids.com/tag/boxing

ÍNDICE

CRÉDITOS POR LAS FOTOGRAFÍAS